AF317637

AU ROI,

ET A NOSSEIGNEURS

DE SON CONSEIL.

IRE,

JACQUES PAYENNEVILLE, Courtier de change
& de marchandises à Rouen, remontre très-humblement à VOTRE MAJESTÉ, qu'un Arrêt du Parlement
de Rouen a réformé une Sentence Consulaire de la
même Ville. Néanmoins, il a épargné la Partie qui

A

avoit provoqué cette Sentence ; il ne févit pas contre le Procureur Syndic, qui en avoit fuivi l'exécution dans le Tribunal d'appel ; il ne touche pas à une Ordonnance Confulaire, qui renverfe la loi de la matiere, & prend les fauffes idées de ce Syndic, pour dépouiller le Suppliant de fon état.

Cet Arrêt ternit la réputation du Suppliant, quoiqu'elle fût exempte de tout foupçon, que fa conduite ait été approuvée pendant quarante années, dans le commerce, & que fur cette caufe, le Suppliant ne foit pas repréhenfible: L'Arrêt en queftion le dépouille de fa commiffion d'Agent de change, en même temps qu'il décide, que fon opération étoit conforme à la regle de la place. Cette contradiction apprécie la valeur de l'Arrêt ; il eft coupable de bien d'autres reproches, & on n'imagine pas qu'il trouve des approbateurs équitables.

Auffi le Bureau du Commerce, qui avoit été faifi de la demande en caffation, dès le mois de Novembre 1769, alloit en prononcer la nullité, lorfqu'induit en erreur par les Députés du Commerce, il a, par délibération du 27 Juin 1771, renvoyé le Suppliant à fe pourvoir au Confeil des Parties.

La protection que le Suppliant implore, pour être reftitué dans fon honneur & dans fes biens, doit lui être accordée, en tel Tribunal qu'il puiffe être jugé : il ne la demande qu'à la faveur des Loix, dont l'Arrêt du Parlement s'eft éloigné, dans les difpofitions qui occafionnent fon recours au Confeil.

FAITS.

Le 28 Septembre 1762 le Suppliant négocia à la veuve Thibault & Compagnie un billet de 1000 livres, en date du 27, du fait de Nicolas Odelin, Marchand à Rouen, endoffé par la veuve Odelin fa mere, à l'ordre de laquelle il étoit payable le 25 Juin 1763. Le montant de ce billet avoit été compté à Odelin, à l'inftant même qu'il l'avoit remis au Suppliant, la veille de fa négociation.

Le 28 Octobre fuivant, le même Odelin remit au Suppliant, un autre billet de 1000 liv. de fon fait, pareillement endoffé par fa mere, payable le 25 Juillet 1763. Le Suppliant lui en paya le montant, & le négocia deux jours après, à la veuve Thibault.

Le 4 Mars 1763, il compta encore à Odelin, la valeur d'un pareil billet de 1000 livres, du 28 Février précédent, payable au 25 Novembre fuivant, endoffé comme les autres par fa mere; & le 15 du même mois, ce billet fut négocié à la veuve Thibault.

Enfin, le 2 Janvier de la même année, Odelin apporta un autre billet de 1000 livres, du 28 Décembre 1763. Ce billet refta dans le porte-feuille du Suppliant, jufqu'au 5 Mai de la même année, que la veuve Thibault lui vint demander du papier, pour l'argent dont elle vouloit difpofer; lui ayant ouvert fon porte-feuille, elle y choifit ce billet d'Odelin entre plufieurs autres, difant qu'il remplaceroit un autre billet de 1200 livres, dont fa Société avoit reçu le montant du même Odelin, ce jour-là même.

Il y avoit près de dix ans, que la veuve Thibault prenoit des billets d'Odelin, endoffés par fa mere. Il n'y avoit pas d'année, qu'il ne lui en paffât trois ou quatre par les mains; elle en avoit toujours été bien payée, fans aucun retard; elle y avoit donc toute confiance, de même que le Suppliant qui négocioit des billets d'Odelin, depuis quatorze ou quinze ans; & la mere & le fils jouiffoient d'une fort bonne ré-putation fur la place. Cependant, Odelin tomba en faillite dans le même mois de Mai. Une Sentence des Confuls de Rouen du 20, l'annonça, & la faillite de fa mere fut également déclarée, par une autre du 30 du même mois.

Odelin prit la fuite, fes meubles furent vendus, ainfi que ceux de fa mere; leurs créanciers établirent un Syndic; la veuve Thibault figna l'acte du fyndi-cat; elle vérifia fa créance, par la repréfentation des quatre billets ci-deffus énoncés, devant le Commiffaire qui fut nommé à cet effet, & elle affirma devant les Juges-Confuls, qu'elle étoit légitime créanciere d'Odelin, du montant de ces quatre billets, ne prêtant fon nom directement ni indirectement.

C'eft long-tems après tout cela, que cette veuve s'eft avifée de faire affigner le Suppliant, en la Jurif-diction Confulaire, par exploit du 31 Janvier 1764, pour fe voir condamner, » par corps & biens, à lui » rembourfer le montant des quatre billets, aux

» offres de lui en faire rétroceſſion, aux fins par lui
» de ſe pourvoir, ainſi qu'il aviſera bien pour ſon re-
» cours «.

Elle ne ſe borna pas à cette concluſion, qui con-
cernoit ſon intérêt perſonnel : elle porta les choſes,
juſqu'à repréſenter le Suppliant comme incapable de
remplir les fonctions de Courtier, & condamnable
en l'amende, & elle ſe fonda ſur trois moyens. Le
premier, qu'il n'avoit pu, comme Courtier, payer le
papier d'Odelin de ſes propres deniers, pour le négocier après : le ſecond, que ce papier ayant ſéjourné dans ſon porte-feuille un certain tems, pendant
lequel il avoit profité de l'eſcompte, il étoit devenu
garant de la négociation qu'il en avoit faite par après.
Et le troiſieme, qu'il avoit négocié de ces mêmes
effets d'Odelin à d'autres perſonnes, à raiſon de 5 &
5 & demi pour cent d'eſcompte, tandis qu'il les avoit
pris d'Odelin ſur le pied de 6 pour cent ; la veuve
Thibault prétendant, que ce profit ſur l'eſcompte dé-
voit rendre le Suppliant garant des négociations du
papier d'Odelin, & conſéquemment, le faire condamner au rembourſement.

Dès le lendemain de l'aſſignation, les Parties ſe
préſenterent en jugement ; il y fut ordonné, que le
Suppliant repréſenteroit ſon livre : il y ſatisfit le 4,
& à la vue d'icelui, la veuve Thibault ſoutint que
dès-là qu'il demeuroit conſtant, par ce regiſtre, que
quelques-uns des billets, dont étoit queſtion, avoient
ſéjourné dans le porte-feuille du Suppliant, & qu'il

avoit bénéficié de l'intérêt pendant qu'il les avoit eus, c'en étoit affez, pour le faire condamner perfonnelle-ment au rembourfement d'iceux.

Sur ce foutien, & les moyens que le Suppliant fit valoir pour fa défenfe, il intervint Sentence, le même jour 4 Février précédent, qui ordonna que les parties remettroient leurs pieces entre les mains du Procureur-Syndic, pour, fur fon rapport être fait droit.

En exécution de ce jugement, le Suppliant remit avec fes pieces, un Mémoire juftificatif de fa conduite, & des négociations qui faifoient l'objet du procès. Il y difoit entr'autres chofes :

1°. Qu'il ne devoit pas y avoir le moindre foupçon fur fa conduite dans fes négociations, le fieur Odelin étant connu depuis long-tems fur la place pour bon Marchand, dont le papier fe négocioit avec beaucoup de facilité; les premiers Négocians en prenoient, le Suppliant en ayant négocié aux meilleures maifons de Rouen, ainfi qu'à la veuve Thibault, qui en prenoit depuis long-tems.

2°. Que c'étoit la premiere fois que l'on eût voulu rendre un Courtier garant & refponfable des billets qu'il avoit négociés ; que fuivant l'Ordonnance de 1673, on ne pouvoit être fujet à la garantie, que dans le cas d'endoffement ou d'aval ; que dans ces cas même, l'Ordonnance n'accordoit que quinze jours après le protêt, pour exiger le rembourfement des billets caufés pour valeur reçue ; & qu'ainfi la veuve Thibault n'ayant intenté son action, que plus de huit mois après la faillite d'Odelin & de sa mere, elle ne seroit pas recevable, dans le cas même où le Suppliant auroit été sujet à la garantie; il ajouta, que l'affirmation que la veuve Thibault avoit faite de la légitimité de sa créance, opéroit encore une nouvelle fin de non-recevoir contre l'action en garantie.

3°. Que la déclaration passée en jugement par la mere d'Odelin, le 31 Mai 1763, de n'avoir pas reçu la valeur des billets qu'elle avoit endossés, pouvoit d'autant moins faire un titre à la veuve Thibault, que personne n'ignoroit, qu'il est d'un usage constant dans le commerce des papiers, de compter le montant d'un effet à celui qui en est porteur : les Négocians comme les Courtiers en usent ainsi. Odelin avoit remis ses billets au Courtier; celui-ci avoit donc dû lui en payer le montant, sans l'obliger à faire venir sa mere pour le recevoir? D'ailleurs, indépendamment de la déclaration de la mere d'Odelin, elle fut condamnée au payement du montant de ses billets.

4°. Que loin qu'il y eût rien de contraire au bien du commerce, qu'un Courtier ou Agent de change, fasse l'avance de ses propres fonds, lorsqu'on lui remet des effets qu'il négocie ensuite, le commerce en retire au contraire de grands avantages; que l'Ordonnance de 1673, qui semble le défendre, n'a point été suivie en cette partie : il y a même été expressément dérogé, par les Edits du mois de Décembre 1705, & du mois d'Août 1708.

5°. Qu'enfin , les négociations dont eſt queſtion , pouvoient d'autant moins être ſoupçonnées ,
que le 5 Mai 1763 , jour même de la derniere ,
Odelin avoit payé 1200 livres à la veuve Thibault, pour le montant d'un billet , qui venoit d'é-
cheoir , & que ſa faillite ne fut connue que le 18
du même mois.

Le Mémoire qui contient ces moyens , devoit être
ſignifié à la veuve Thibault , & celle-ci devoit y
répondre de la même maniere. Mais le Procureur-
Syndic dit, que ces ſignifications n'étoient pas né-
ceſſaires , & qu'il ſuffiroit que les Parties priſſent
communication de leurs Mémoires reſpeɐifs , &
qu'il les leur donneroit réciproquement & ſuccef-
fivement. Mais cette promeſſe n'a pas été tenue :
la veuve Thibault fournit un Mémoire , & le Suppliant n'en eut point communication , ſinon une
leɐure précipitée ; & ce Mémoire calomnieux ,
rempli de faits étrangers , & de ſophiſmes , ſervit
à faire rendre une Sentence en ces termes :

» Nous avons ledit Payenneville condamné ,
» par corps & biens , ſuivant l'Edit , à rembour-
» ſer & payer à la Dame veuve Thibault , la ſomme
» de 1200 livres , pour le montant des deux
» billets du fait du nommé Odelin, ordre de la
» veuve Odelin ſa mere , de 1000 livres chacun,
» le premier en date du 28 Décembre 1762 ,
» payable au 25 Septembre, pour le 5 Oɐobre
» 1763 , négocié à ladite Dame Thibault par ledit
Payenneville ,

» Payenneville, le 5 Mai 1763 ; & le second, en
» date du 28 Janvier 1763 , payable au 25 No-
» vembre, pour le 5 Décembre suivant, de pa-
» reille somme de 1000 livres, aussi négocié par
» Payenneville à la Dame veuve Thibault, le 5
» Mars 1763 , sauf audit Payenneville à se dire,
» créancier de la somme de deux mille livres, en-
» vers la masse d'Odelin, au lieu & place de la-
» dite Dame veuve Thibault , ledit Payenneville
» condamné aux dépens ; & faisant droit sur les
» plus amples conclusions du Procureur - Syndic ,
» nous avons ledit Payenneville condamné par mo-
» dération & sans tirer à conséquence , en trois
» cens livres d'amende , applicable, suivant l'Edit
» de cette Jurisdiction, & défenses à lui faites
» d'exercer à l'avenir les fonctions de Courtier de
» change & de marchandises , sous les peines au
» cas appartenantes ; & sera notre présente Sen-
» tence exécutée nonobstant oppositions, appella-
» tions , & autres voies quelconques ; le tout sauf
» & sans préjudice d'icelles , en observant l'Or-
» donnance ».

Cette Sentence, du 30 Mars 1764, a été atta-
quée par la voie de l'appel au Parlement de Rouen.
L'injustice & le bouleversement des principes dont
elle est coupable, ont été expliqués par un nombre
d'écrits , dans lesquels on n'a pu s'empêcher de
montrer l'inconduite du Procureur - Syndic de la
Jurisdiction Consulaire. La circonstance qui avoit

empêché la fignification du Mémoire contre la veuve Thibault, jointe à ce que malgré fa promeffe, il ne lui avoit pas donné connoiffance de la réplique de cette Dame, & à ce que contre l'ufage & l'intérêt du commerce, il avoit pris le fyftême de cette adverfaire, & conclu, comme elle, à l'interdiction du Suppliant; ces confidérations & nombre de faits dont il falloit néceffairement donner connoiffance, pour découvrir au Tribunal les motifs & les erreurs de la Sentence, échaufferent le zèle du Procureur-Syndic pour la veuve Thibault; il alla au point de fe rendre partie au procès, de fe fcandalifer d'expreffions employées dans un écrit de griefs, & d'en demander la fuppreffion; reffource ordinaire d'une délicateffe mal entendue, & toujours utile à ces caufes, où il faut fe raccrocher fur les mots, dans le défefpoir de contredire valablement les chofes qu'ils expriment.

En effet, l'écrit des griefs refta dans fon entier; c'eft-à-dire, que les trois propofitions qu'il contient demeurerent intactes. Elles fe trouverent même fortifiées par la fagacité de leur auteur, dont le zèle alla au point d'extraire le procès. Ces extraits appuyés de confultations lumineufes & de pareres donnés par des Avocats & des Négocians les plus célèbres, dictoient l'Arrêt qui devoit condamner le Procureur-Syndic. Cependant voici celui que la feconde des Enquêtes du Parlement de Rouen a rendu, le 7 Août 1769.

« Faifant droit fur l'appel originaire dudit Payen-
» neville, a mis & met l'appellation & ce dont eft
» appel au néant ; corrigeant & réformant, a dé-
» claré & déclare la veuve Thibault mal fondée
» dans fon action ; ce faifant, a déchargé & dé-
» charge ledit Payenneville des condamnations
» contre lui prononcées par la Sentence dont eft
» appel, a condamné & condamne ladite veuve
» Thibault à rapporter audit Payenneville la fomme
» de deux mille livres, qu'il lui a payée provifoire-
» ment en exécution de ladite Sentence, en re-
» mettant par ledit Payenneville à ladite veuve
» Thibault le certificat defdits Paulin pere & la
» Carpentier ; a condamné & condamne ladite
» veuve Thibault aux dépens des caufes princi-
» pale & d'appel, envers ledit Payenneville. Fai-
» fant droit fur l'intervention du Procureur-Syn-
» dic de la Jurifdiction Confulaire, fans s'arrêter
» à l'appel incident dudit Payenneville, dans lequel
» il eft déclaré non-recevable & mal fondé, a mis
» & met l'appellation au néant ; ordonné que les
» Articles Ier & II du Titre II de l'Ordonnance
» de 1673, & l'Article IX de l'Ordonnance des
» Prieur & Juges-Confuls, du 14 Janvier 1732,
» feront exécutés felon leur forme & teneur ; que
» ledit Payenneville fera tenu de rapporter au Greffe
» de la Jurifdiction Confulaire, fa Commiffion de
» Courtier; défenfes à lui faites d'en exercer à l'avenir
» aucunes fonctions ; a condamné & condamne

B ij

» ledit Payenneville en tous les dépens envers la
» Jurifdiction Confulaire ; en ce qui touche la com-
» plainte du Procureur - Syndic contre le contenu
» au Mémoire imprimé dudit Payenneville, inti-
» tulé : *Griefs & moyens d'appel;* faifant droit fur
» les plus amples Conclufions de notre Procureur
» Général, a ordonné & ordonne que ledit im-
» primé, contraire au refpect dû aux Juges de la
» Jurifdiction Confulaire & à l'honneur de toutes
» les places, fera lacéré par l'Huiffier de fervice,
» dont procès-verbal fera dreffé aux frais dudit
» Payenneville ; que le préfent Arrêt fera lu, pu-
» blié & affiché par-tout où befoin fera, notam-
» ment dans les places principales de cette Ville,
» pareillement à fes frais ; a condamné & condamne
» ladite Thibault aux trois quarts du rapport &
» coût du préfent Arrêt, ledit Payenneville con-
» damné en l'autre quart ; & fur le furplus des au-
» tres demandes & conclufions des Parties, icelles
» mifes hors de Cour ».

Cet Arrêt a été imprimé & affiché à Rouen, avec
une profufion & un éclat fans exemple. Il préfente
non feulement des injuftices fans nombre, mais encore
des contrariétés dans fes difpofitions, & des infrac-
tions à des Loix publiques. Les injuftices fe dévélop-
peront par quelques obfervations fur le fond, après
que le Suppliant aura détaillé les contrariétés & les
contraventions, dont l'Arrêt eft coupable.

MOYENS.

1°. L'Arrêt infirme la Sentence, & par Jugement nouveau, il condamne la veuve Thibault fur toutes fes prétentions ; elle doit reftituer les deux mille livres provenantes des deux billets d'Odelin, qu'elle avoit fait payer au Suppliant, au moyen de la Sentence infirmée. Le Suppliant eft déchargé de l'amende qui lui avoit été infligée, fous prétexte qu'il s'étoit écarté des Loix de la Place. L'Arrêt juge que le Suppliant ne s'en eft pas éloigné, par la reftitution des billets d'Odelin qu'il ordonne. Cependant, il laiffe fubfifter la Sentence, ou ce qui eft la même chofe, il prononce comme elle, la défenfe d'exercer les fonctions de Courtier de Change & de Marchandifes, en ordonnant qu'il rapportera fa Commiffion au Greffe de la Jurifdiction Confulaire de Rouen.

On ne peut une contrariété plus évidente dans ces deux difpofitions ; l'Ordonnance permet de revenir contre l'Arrêt qui en eft coupable. Cette contradiction eft d'une efpéce à produire la caffation de l'Arrêt qui la renferme, parce qu'elle enlève l'état à un Citoyen, qui en jouiffoit à la faveur du droit public. Ce droit eft violé dans la perfonne qu'on dépouille de fa Commiffion, fans l'avoir mérité. On n'a pu approuver l'opération du Suppliant, au fujet des billets d'Odelin, fans décider qu'il s'eft conformé à la Loi exiſtante du Commerce, & par conſéquent, ſans contrevenir à cette Loi, en privant le Suppliant de ſon état, à l'occaſion de cette même opération. Cette privation, en même tems qu'elle produit une contrariété avec la diſpoſition anté-rieure, eſt ſubordonnée aux moyens, qui frappent contre les Arrêts qui s'éloignent des Ordonnances, & qui ſont par conſéquent ſuſceptibles de la nullité pro-noncée par la Loi, contre tout ce qui s'en écarte.

La voie de caſſation, ouverte en pareil cas, ſe fortifie ici au ſujet de la diſpoſition, qui fait perdre l'état au Suppliant, par le droit public, qui ne per-mettoit pas de le priver, ſans cauſe, & d'une ma-niere accablante, de ſes fonctions de Courtier de Change : l'Arrêt n'a pu les lui enlever, ſans le perdre de réputation ; & l'injuſtice eſt d'autant plus criante à cet égard, qu'il juge, que le Suppliant avoit rai-ſon au procès, & que la Juriſdiction Conſulaire avoit la liberté de lui ôter ſa Commiſſion, ſans Sentence ni Arrêt. La diſpoſition n'a donc été imaginée, que pour perdre gratuitement l'honneur & la réputa-tion du Suppliant ? En pareille circonſtance, il n'eſt pas poſſible de laiſſer ſubſiſter un Arrêt, qui ruine auſſi inſidieuſement un Citoyen exact & calomnié par ſes adverſaires.

2°. La veuve Thibault eſt condamnée à reſtituer le Suppliant ; elle eſt donc jugée avoir mal-à-propos intenté le procès en queſtion, par conſéquent avoir gratuitement interrompu le commerce du Suppliant depuis l'origine du procès, & voici comment il avoit établi ses pertes.

Tous les ans il faisoit au moins pour six millions de négociations, & même dans bien des années, jusqu'à huit millions. L'interdiction prononcée contre lui, & qui dure depuis 1764, l'a donc privé du profit de ces négociations, jusqu'à l'Arrêt de 1769? La perte à numérer à cet égard, va à plus de deux cens cinquante mille livres. On le répete, la veuve Thibault a occasionné cette perte par ses prétentions, dans lesquelles elle a échoué : il est donc injuste & contre le droit d'autrui, de ne l'avoir pas condamnée à des dommages & intérêts ? Ses chicanes & ses conclusions contre l'état du Suppliant, déposoient encore de leur légitimité. Dans la circonstance, l'Arrêt n'a pu s'y refuser, sans contrevenir aux principes du droit, fondé sur l'équité naturelle, qui veulent que celui qui souffre du préjudice par le fait d'autrui, en soit indemnisé, & que les mauvais plaideurs soient punis de leurs chicanes : *Improbus litigator damnum & impensas adversario suo inferre cogatur.*

3°. Le Procureur-Syndic a été admis au procès, sans qu'il y eût aucun intérêt personnel ; il n'y est venu, qu'à raison d'une Sentence Consulaire, dont il a voulu prendre le fait & cause, en sa qualité de Procureur-Syndic. Sa démarche contraire aux principes, qui ne permettent pas à des premiers Juges de suivre leur Sentence dans les Cours supérieures, devoit d'autant plus être rejettée , qu'il n'appartient qu'aux Procureurs Généraux de ſtipuler les droits du Public , & des Juriſdiĉtions dans les Parlemens. Le Procureur-Syndic n'a donc pu être admis , dans l'affaire du Suppliant avec la veuve Thibault , ſans un bouleverſement des plus ſaines règles ?

Le Suppliant avoit un intérêt particulier à diſputer l'intervention de ce Procureur-Syndic, & il en a un ſenſible aujourd'hui, pour reclamer les droits que l'Arrêt ſemble lui avoir accordés , parce qu'ils ont ſervi à faire ôter l'état au Suppliant , par l'Arrêt dont il ſe plaint. Il eſt même auſſi eſſentiellement intéreſſé à faire voir que la Sentence Conſulaire de 1732 , n'a pu être accueillie par l'Arrêt , parce que cette piece a ſervi de baſe à la diſpoſition qui le prive de ſon état. Les Juges inférieurs ne peuvent faire aucuns réglemens, ſoit proviſoires, ſoit définitifs, concernant l'adminiſtration de la Juſtice : c'eſt la diſpoſition de l'article 66 de l'Arrêt du Parlement de Paris, du 10 Juillet 1665. Les Juges inférieurs peuvent ſeulement ordonner l'exécution des Réglemens , & les rappeller dans leurs Jugemens. Les Cours Supérieures ne peuvent même en faire , que proviſoirement, & ſous le bon plaiſir du Roi, & ſouvent même , ils demandent ſon agrément & ſon attache, avant de paſſer outre à l'exécution de leurs Réglemens. C'eſt ainſi que dans celui ſur les Subrogations du 6 Juin 1690, rendu par le Parlement de Paris, il eſt expreſſément porté, *ſous le bon plaiſir*

du

du Roi. C'eſt ainſi, que dans le préambule des articles placités du Parlement de Rouen, il eſt dit, que » ces articles feront envoyés à SA MAJESTÉ, laquelle fera très-humblement ſuppliée d'avoir pour » agréable qu'ils ſoient lus & publiés, tant en l'au-» dience de ladite Cour, qu'en toutes les Juriſdic-» tions de ce reſſort ». Les Lettres patentes du 18 Juin, portant Réglement pour l'adminiſtration de la Juſtice dans la Province de Normandie, n'ont été données, que pour approuver un Réglement fait par le Parlement de Rouen, le 17 Mars 1768, *ſous le bon plaiſir du Roi.* Il eſt donc bien étrange qu'une compagnie de Juges ſubalternes, & non gradués, ait prétendu faire de ſon chef, un Réglement qui aſtreignît les ſujets du Roi, qui aſſujettît leurs fortunes à de fortes amendes, ſans avoir pris, ni la permiſſion du Roi, ni du moins, l'agrément du Tribunal ſouverain auquel ils ont l'honneur de reſſortir. Cette tentative eſt d'autant plus étonnante, qu'il n'eſt aucune Juriſdiction Conſulaire, qui ignore en quels termes M. le Chancelier d'Agueſſeau, étant Avocat Général, s'exprima dans ſes Concluſions, ſur leſquelles intervint le célebre Arrêt de Réglement du Parlement de Paris, du 7 Août 1698, rendu entre le Châtelet & les Conſuls de Paris, ſur des démêlés de cette Juriſdiction : » Quelque favorable , dit cet illuſtre Magiſtrat, que ſoit la Ju-» riſdiction Conſulaire, elle ne peut pourtant s'at-» tribuer l'autorité de faire des Réglemens; on n'y

C

» trouve, ni un office, & un miniftere public, qui
» puiffe les requérir, ni des Juges revêtus d'un
» caractere affez élevé pour pouvoir les ordon-
» ner, ni un territoire dans lequel ils puiffent les
» faire exécuter ». Il eft donc bien étonnant que
l'Arrêt du Parlement de Rouen ait approuvé la Sentence Confulaire de 1732 ; il eft vifible qu'il n'a pu
le faire, fans s'éloigner des principes de la matiere,
& même de fa propre Jurifprudence. En effet,
en parcourant les Regiftres de ce Tribunal, on y
trouveroit, que. dans toutes les circonftances, il a
févi contre les Juges inférieurs de fon reffort, toutes les fois qu'ils ont voulu s'ingérer à faire des Réglemens. Il y en a un dù 22 Juin 1728, qui a rapporté un Arrêt de la Grand'Chambre même du Parlement, du 22 Août 1726, fur le principe, qu'un
Réglement ne pouvoit être fait qu'en Chambres af-
femblées. L'Arrêt en faveur du Procureur-Syndic,
juge donc que la Jurifdiction Confulaire a plus de
droit que la Grand'Chambre du Parlement, en ca-
nonifant une Sentence en forme de Réglement. La
Cour des Aydes de la même Ville, animée des
vrais principes, a auffi frappé fur fes Jurifdictions
fubalternes, lorfqu'elles ont voulu s'ingérer à la Lé-
giflation ; ainfi, l'Arrêt eft encore contrevenu, fur
ce point, à la Jurifprudence des Cours de la Normandie.

Mais un point décifif contre cette Ordonnance
Confulaire, c'eft qu'elle n'a jamais eu d'exécution:

les pareres de Rouen le dépofent, & difent même,
qu'elles feroient impraticables & ruineroient entie-
rement le commerce, fi on s'avifoit de l'exécuter. Les
Juges-Confuls l'ont eux-mêmes décidé, à l'égard du
Suppliant, en 1755 & 1759.

4°. L'Arrêt fupprime l'Imprimé du Suppliant, &
le fait lacérer, comme contraire au refpect dû aux
Juges Confuls; aucuns de ces Juges n'étoient en
caufe, & le Procureur-Syndic n'ayant aucun caractere pour y paroître, encore moins pour y requérir, il réfulte que la fuppreffion & la lacération ont
été ordonnées par le Parlement, fans aucune réqui-
fition légale; le Procureur-Syndic n'avoit même de-
mandé, que la fuppreffion de quelques termes dans
les écrits du Suppliant, & le fieur Procureur Général n'avoit pas conclu à la lacération; la fuppreffion n'étoit même pas admiffible : il ne s'agiffoit pas
d'affaires publiques, de qualifications propres à une
Jurifdiction entiere; le Suppliant n'a parlé des Confuls en général, que pour dire qu'ils n'avoient pas
le pouvoir légiflatif. On vient de voir qu'en cela,
il étoit autorifé par la loi. Il a cherché les motifs
de la Sentence qui le condamnoit injuftement; n'en
trouvant aucuns dans les principes, il eft defcendu
dans certains cas particuliers, où il a cru pouvoir les
trouver : cependant il n'a rapporté que des faits;
étoient-ils applicables à fa caufe ? Perfonne ne les
lui a difputés. Le Suppliant dit même qu'ils étoient
néceffaires à fa juftification. Or, dans cette pofi-

tion , rappellons les maximes du Barreau , pour écarter la difpofition de l'Arrêt que nous examinons.

Les Loix Romaines font remplies de ces recommandations aux Avocats, de foutenir les caufes de leurs Cliens avec fermeté ; elles décident, que c'eft une vertu d'autant plus recommandable, qu'elle fert de bornes au crédit & aux perfonnes puiffantes ; elle eft néceffaire, pour foutenir l'intégrité du Juge dans la prononciation de fa décifion. Nos Ordonnances, & d'après elles, François premier enjoignit aux Avocats, de plaider fans couleur ni déguifement, fans rien déduire qui ne ferve à la vérité, fans la couvrir ni cacher aucunement. S'il eft, difoit M. l'Avocat Général Portail ; en concluant dans un Arrêt du 21 Janvier 1707, » des cas où l'on ne peut défendre » les Caufes, fans offenfer les perfonnes, attaquer » l'injuftice, fans déshonorer la Partie, expliquer les » faits, fans fe fervir de termes durs..... qui font la » caufe même » : ce feroit auffi, ajoute M. l'Avocat Général Fleury , plaidant le 11 Août 1708 , » ce feroit trahir les intérêts de fon Client, que de » ménager les termes dans de certaines caufes, où » la défenfe réfide dans l'explication des faits les » plus injurieux, dans la difcuffion de ceux dont » on accufe la Partie, & dans les moyens de fraude » qui lui font perfonnels : diffimuler ces faits, ce » ne feroit plus expliquer la caufe «. L'illuftre M. d'Agueffeau , lorfqu'il rempliffoit les fonctions du Miniftere public dans le même Tribunal, s'expliqua avec autant d'énergie, dans l'un de, ses Plaidoyers ; c'est la voie unanime des Magistrats de toutes les Cours. Ces principes leur ont été dictés par Cicéron, lorsqu'il nous dit : » *Nomine oratoris & Docti* » *ornandus est, qui scelus, fraudemque nocentis possit,* » *dicendo, subjicere, odio civium contringere, ejus-* » *demque ingenii presidio, innocentiam judiciorum* » *pœna liberare* (*Cicero, de oratore, Lib.* 1.)

. L'Arrêt punit donc la Partie, pour avoir établi la vérité des faits, & l'Avocat, pour les avoir écrit sans déguisement ? Il blesse de cette maniere, les maximes du Barreau & l'opinion des Magistrats, qui en ont fait l'ornement & la lumiere. Il contrevient à l'équité naturelle & aux Loix, qui permettent à la Partie de déduire tous ses griefs, & à l'Avocat de les préfenter aux Juges, avec toute la force qu'exigent la vérité & les devoirs de fon état.

Mais en quoi confistoient les faits en question ? Le Suppliant avoit dit, par fon écrit de grief fupprimé, que la Sentence confulaire dont il étoit Appellant, étoit fi contraire à l'équité & aux principes, qu'il craignoit que le reffentiment qu'avoit contre lui le Prieur ou premier Juge, n'eût influé fur le jugé de cette Sentence ; il fondoit ce reffentiment, fur ce qu'il avoit refufé à ce Prieur de lui négocier des papiers, qui ne pouvoient avoir de crédit ; que ce Prieur fe trouvoit décrété. C'eft dans cette pofition, que le Suppliant fe trouve obligé de frapper perfonnellement fur lui, il ne s'en plaignit pas : &

fur ce que le Procureur-Syndic vouloit faire retomber les imputations faites au Prieur fur les autres Juges, le Suppliant déclara par un imprimé diftribué, qu'il n'avoit point entendu parler d'eux. Voilà une explication plus que fuffifante.

Ces faits n'étoient-ils pas néceffaires à la caufe du Suppliant ? Ils y fervoient même de moyens de récufation, contre le Juge qui avoit rendu la Sentence dont le Suppliant étoit Appellant ; & l'Article XII de l'Ordonnance de 1667, au Titre des Récufations, permettoit au Suppliant de les propofer. Le Procureur-Syndic s'étoit même mis dans le cas des caufes de récufation, indiquées par cet Article de l'Ordonnance. En effet, il avoit promis au Suppliant la communication du Mémoire de la veuve Thibault, & il ne la lui avoit pas donnée ; il avoit dénoncé les écrits du Suppliant, au nom de la Jurifdiction Confulaire, fans délibération fuffifante, qui l'en chargeât, pour en obtenir la fuppreffion. Les Avocats des Parlemens de Paris & de Rouen, que le Suppliant confulta, déclarerent par leurs Confultations, que le Procureur-Syndic agiffoit fans droit ni caractere, & qu'il tronquoit & aigriffoit les expreffions des écrits du Suppliant, pour leur prêter des motifs de condamnations ; mais que pris dans le vrai fens, ils n'en contenoient aucuns : c'eft dans cette entreprife, que le Suppliant avoit efpéré que le Procureur-Syndic feroit fufpecté, & qu'il feroit déclaré non-recevable dans fes demandes ; il eft fenfible que l'Arrêt qui a jugé autrement , peut être vicié de la contravention à l'Article XII de l'Ordonnance de 1667 , & des reproches que fa prononciation ne peut éviter , d'après la pofition des chofes.

5°. Le Suppliant fe trouve privé de fon état d'une maniere deshonorante, fur la demande du Procureur - Syndic , qui n'avoit pas le droit de l'attaquer au nom de la Jurifdiction , fans une délibération *ad hoc*. Les Loix & les Auteurs difent , qu'on n'eft point admis à contefter l'état de quelqu'un , lorfqu'on n'a point d'intérêt à le faire ; & ils veulent , pour être admis à une telle conteftation , que cet intérêt foit appuyé de juftes raifons. Le Procureur-Syndic n'avoit affurément aucun intérêt perfonnel, pour conclure à ce que le Suppliant fût dépouillé de fon état ; il fe conduifoit même, contre l'équité naturelle , qui ne permet à perfonne de préjudicier à quelqu'un gratuitement. Toutes les autorités fe réuniffoient pour févir en pareille circonftance , contre le Procureur - Syndic. Sa conduite auroit-elle pu avoir des approbateurs , d'une efpece à légitimer fes démarches ? Elle auroit été condamnable , parce que la Jurifdiction Confulaire pouvant priver le Suppliant , fans forme ni figure de procès , il en auroit toujours réfulté une injuftice contre la tentative du Procureur - Syndic , qui , dans l'hypothèfe , auroit témoigné un défir de nuire d'une façon qui répugnoit à une exacte juftice. Ainfi , l'Arrêt qui a adopté la route du Procureur-

Syndic, eſt ſuſceptible des reproches légitimement faits à cet Adverſaire. L'état d'un Citoyen eſt toujours favorable. Les Juges penchent toujours vers la douceur ; ſuivant ce principe que tout le monde a dans le cœur : *In dubio pro libertate reſpondendum eſt.* Nos Livres ſont pleins d'Arrêts, qui ont canoniſé cette maxime ſage & judicieuſe. Quand il eût été poſſible d'adapter la demande inofficieuſe du Procureur-Syndic, à celle de la Dame Thibault, les principes auroient exigé que l'Arrêt, dont la caſſation eſt demandée, préférât le parti de laiſſer à la Juriſdiction Conſulaire, la faculté de priver le Suppliant de ſa Commiſſion, au lieu de lui faire judiciairement défenſes d'en faire les fonctions. Le Procureur-Syndic n'a inſiſté ſur cette condamnation, que parce qu'il a craint les lumieres de ſa Juriſdiction aſſemblée, & qu'elle ne rendît au Suppliant des hommages ſur ſa conduite, bien loin de le dépouiller de ſes fonctions.

Le défaut de pouvoir du Procureur-Syndic vicie l'Arrêt, qui a dépouillé le Suppliant de ſon état, ſur les diligences de cet Adverſaire. Il n'y a pas de plus grand vice dans les opérations de celui qui agit, que le défaut de pouvoir ; il influe ſur tout ce qui peut y avoir rapport. L'Arrêt qui a condamné le Suppliant, ſans la repréſentation d'une délibération conſulaire, eſt donc nul ? Il eſt certain qu'il eſt auſſi illégitime, & auſſi irrégulier, que la demande

du

du Procureur-Syndic , qui n'avoit aucun pouvoir pour la former.

6°. L-Arrêt en queſtion juge , que le Suppliant ne s'eſt pas écarté des principes , dans l'opération de la veuve Odelin ; néanmoins , il ordonne l'exécution des articles Ier & II de l'Ordonnance de 1673 , & IX de celle des Conſuls de Rouen de 1732 , qui détruiſent l'hommage rendu à la négociation du Suppliant. A la vérité , ce n'eſt que dans le ſens que le Procureur-Syndic leur a donné, puiſque, ſuivant Jouſſe , Savari , & Bornier , ces articles de l'Ordonnance du Commerce n'ont jamais été ſuivis, par les inconvéniens qu'ils expliquent , & à cauſe de l'intérêt du Commerce , qui a exigé un uſage différent. Cet uſage a même été fortifié par un Edit du mois de Décembre 1705 , enregiſtré au Parlement de Rouen , le 6 Mai 1706 , portant création d'Offices d'Agens de Change , & ſuppreſſion des anciens Offices de Courtiers de Change. Voici ſes expreſſions : » Permettons aux Agens de » Change , commerce & finances , pour la com- » modité de ceux qui auront des négociations à » faire de leur fait , de tenir un Bureau ouvert & » une caiſſe chez eux , nonobſtant ce qui eſt porté » dans les Articles I & II , du Titre II de notre » Edit du mois de Mars 1673 , ſervant de Ré- » glement pour le commerce des Négocians & » Marchands , auxquels nous avons dérogé & dé- » rogeons à cet égard «.

D

Ainſi, d'un côté, l'Arrêt dont on ſe plaint, a confirmé l'article d'une Ordonnance de la Juriſdiction Conſulaire, qui n'avoit pas le droit de faire des Réglemens, & encore moins, d'en faire contre le texte précis d'un Edit enregiſtré ; de l'autre, l'Arrêt s'éloigne des diſpoſitions de cet Edit, qui avoit réformé les Articles de l'Ordonnance du Commerce, dont il ordonne cependant l'exécution. Sur ces fauſſes idées du Syndic, il donne un effet rétroactif aux Lettres patentes de 1768, & par conſéquent, un crédit plus étendu que ces Lettres même, puiſqu'elles ne renferment aucunes diſpoſitions, qui les faſſent remonter au-delà de leur date ; ce qui eſt contraire aux maximes du Droit, & aux Ordonnances, qui n'accordent aucuns effets rétroactifs aux Loix nouvelles, lorſqu'elles ne le diſent pas.

L'Arrêt s'entremet ainſi, dans l'adminiſtration des Loix, contre le texte precis des Articles IV, V & VI du Titre Ier de l'Ordonnance de 1767, qui l'interdiſent aux Cours & à tous autres Juges, à peine de nullité de leurs Jugemens & Arrêts. Celui en queſtion ne peut donc ſe ſoutenir ? Quelques obſervations acheveront d'en convaincre le Conſeil, & des injuſtices, dont il eſt coupable.

Obſervations qui viennent à l'appui des moyens de caſſation, & les fortifient.

L'Edit de 1705 a été renouvellé par un autre

du mois de Juin 1708 ; l'un & l'autre ont fait depuis, la régle de la Place. Les Confuls ont eux-mêmes reconnu cette vérité en Juin 1755, qu'ayant eu occafion de vifiter les regiftres du Suppliant, la Jurifdiction entiere lui fit dire par le fieur le Couteux, que fa conduite ne méritoit que des éloges. En 1759, ce Négociant lui prêta trente-trois mille livres, pour l'engager à continuer les mêmes opérations, pour le bien du Commerce.

Le Procureur-Syndic & fes émiffaires, ont eux-mêmes donné la preuve du peu de confiance qu'ils avoient en leur prétention. Trop habiles, pour infifter fur un fyftême inepte, ils ont donné leur Requête au Confeil, fous le nom de la Jurifdiction Confulaire, & ils ont furpris un Arrêt & des Lettres patentes, du 6 Janvier 1768, par lefquels ils ont fait revivre les difpofitions de l'Ordonnance du Commerce de 1713, & parlé de leur Ordonnance de 1732. Ces Arrêts & Lettres patentes ont été accordés, non-feulement fur fimple Requête, mais encore, fur l'offre d'une fomme de vingt mille livres.

On a, comme on le voit, payé cher la furprife de cette nouvelle Loi. Il eft de fait qu'elle n'a été provoquée & obtenue, qu'à l'occafion de l'affaire du Suppliant, & pour lui faire de la peine, puifqu'elle n'a eu aucune exécution. En effet, on a continué de fuivre l'ufage antérieur, & ce qui eft prefcrit par l'Edit de 1705. Il eft de même de toute certitude, qu'on ne pourroit ceſſer de s'y conformer, ſans nuire eſſentiellement à la négociation de la Place & au Commerce. Le Suppliant rapporte une multitude de pareres des plus fortes Places du Royaume, par leſquels les premiers Négocians déclarent que l'Edit de 1705 , & l'uſage ſuivi depuis en conformité, ſont les ſeuls pratiquables & utiles au Public, & qu'on ne peut y rien innover, ſans un préjudice éminent pour tous les Citoyens, & ſans cauſer la ruine du Commerce.

Toutes ces circonſtances méritent l'attention du Conſeil ; elles juſtifieront la déſuétude de l'Arrêt & des Lettres patentes de 1768 ; mais on leur ſuppoſeroit toute la vigueur imaginable, qu'étant poſtérieure à l'affaire du Suppliant, ils ne pourroient y ſervir, n'ayant aucun effet rétroactif. L'Edit de 1705 ne pouvoit ceſſer d'être la loi du procès créé avant 1768. Ainſi, à tous égards, l'Arrêt en queſtion ne peut être excuſé.

La provocation de l'Arrêt & des Lettres patentes de 1768 , faite poſtérieurement au procès, fournit la preuve, que la Juriſdiction Conſulaire étoit elle-même convaincue, que l'Edit de 1705 étoit la ſeule Loi des Courtiers de Change ; elle a reconnu par ſes démarches, qu'il en falloit une nouvelle, pour abroger les diſpoſitions, & faire revivre les articles de l'Ordonnance du Commerce , anéantir l'uſage calqué ſur les Edits de 1705 & 1708, & ſes approbations & jugemens donnés en conſéquence en faveur du Suppliant, dans des opérations femblables à celle d'Odelin, des années 1755, 1759 & 1766. La Jurifdiction Confulaire énonce dans fa requête au Confeil, fon Ordonnance de 1732, fans parler de la dérogation qu'elle y avoit faite elle-même par fes Jugemens poftérieurs, & de la conduite de chacun des Négocians confulaires, oppofée à icelle. Cette diffimulation n'avoit été pratiquée que pour, s'il eût été poffible, faire donner une efpéce d'autorité à l'Ordonnance de 1732, & en tirer occafion, de la faire valoir contre le Suppliant, en produifant l'Arrêt du Confeil au procès à Rouen. Mais l'Arrêt, ni les Lettres patentes, ne lui ont donné plus de crédit, que l'infuffifance dont elle jouiffoit. Bien-loin de l'accueillir, ils ont gardé le plus profond filence à fon égard : ils ont abandonné aux principes & aux Ordonnances qui en avoient prononcé la nullité dès fon origine, & même défendu qu'elle puiffe exifter. Le Procureur-Syndic a feint de l'ignorer, & a continué d'en ufer avec l'Arrêt qui l'énonçoit dans la Requête fur lequel il eft intervenu, quoique fon filence dans fon prononcé fur cette piéce, en foit une réprobation tacite. Eft-ce de fa part, ineptie, ou toute autre chofe? De telle maniere que fes idées puiffent être interprétées, elles ne peuvent jamais faire l'éloge de fa conduite.

L'Arrêt dont on fe plaint, a fait voir à ce Procureur-Syndic, qu'il avoit mal calculé, puifqu'il fe décide par l'Edit de 1705 , en condamnant la veuve Thibault : à la vérité , cet Arrêt , par une dif-pofition totalement contradiĉtoire avec cette con-damnation , prive le Suppliant de fa Commiffion ; l'injuftice en eft d'autant plus révoltante , qu'il le punit ainfi fans caufe , lui enleve fon honneur & fa fortune. Elle eft portée à fon comble , fi on fait attention , que l'Arrêt n'oblige pas la veuve Thi-bault à indemnifer le Suppliant des pertes qu'il a fouf-fertes par fon inaĉtion , & par le difcrédit que l'affaire provoquée par cette veuve a produit contre le Sup-pliant.

La Dame Thibault étoit d'autant plus repréhen-fible , qu'elle avoit fait intervenir le Procureur-Syndic , afin de la fecourir dans fa caufe ; le concert entr'eux a été reconnu par leurs écritures , qui fe répétent & ne forment qu'un enfemble , à la folde de la veuve Thibault. Elle eft par conféquent , dans le cas de fupporter toutes les indemnités dues au Suppliant pour raifon de ce procès. Cependant , le Procureur-Syndic doit effuyer perfonnellement , les peines qui réfultent de fes démarches particulieres , & non valablement autorifées par la Jurifdiĉtion Con-fulaire.

Il eft le principe de l'innovation aux plus faines maximes , reprochée à l'Arrêt en queftion ; c'eft-à-dire , qu'il a fait entendre au Parlement , qu'un Procureur - Syndic confulaire pouvoit intervenir dans un Tribunal d'appel , pour y foutenir les Ordonnances de fa Jurifdiction. Si c'eft un trait d'érudition, elle ne cadre pas avec la fcience du Barreau. En effet, celle-ci lui auroit appris, qu'il étoit fans qualité pour fe rendre partie au Parlement, & qu'aucuns Officiers fubalternes ne font admis à fuivre l'exécution de leurs Sentences, au-delà de leurs Jurifdictions. Ainfi, le zèle du Procureur-Syndic ne peut définir qu'une conduite mal entendue, & qui a dégénéré en véxation contre le Suppliant, qui ne devoit pas l'avoir pour Partie dans le Tribunal d'appel.

Cependant, il y a figuré & déterminé l'Arrêt qui prive le Suppliant de fon état, le deshonore par une affiche mife avec profufion, dans tous les carrefours de Rouen, & par la fuppreffion & la lacération de fes écrits ; en un mot, il le ruine par une condamnation de dépens, & la non indemnité de fon inaction & de fes pertes. Tant d'injuftices réunies avec les contraventions à la Loi, opéreront fans doute la nullité de l'Arrêt qui en eft coupable. Cette nullité fondée fur le Droit public & les Ordonnances, rendra un Citoyen à l'Etat, un Négociant au Commerce, & un pere de famille à fes enfans. L'innocence reprendra fes droits, & la vertu fes avantages, par l'empire des Loix : Elles cefferoient d'être très-juftes, fi l'équité pouvoit en être féparée.

A CES CAUSES, SIRE, plaife à VOTRE

MAJESTÉ, fans avoir égard à l'Arrêt de la feconde Chambre des Enquêtes du Parlement de Rouen, du 7 Août 1769, en ce qu'il n'auroit pas condamné la veuve Thibault, aux dommages & intérêts du Suppliant, réfultans de fon inaction dans fon état, caufée par les chicanes & les fauffes demandes de cette veuve, depuis 1764, & en ce qu'il a privé le Suppliant de fes fonctions, fupprimé & laceré fon Imprimé de griefs, ordonné l'affiche & publication, & condamné aux dépens du Procureur-Syndic de la Jurifdiction Confulaire. Lequel Arrêt fera câffé & annullé dans ces chefs; & pour faire droit aux Parties fur le fond de ces objets, les renvoyer en tel Tribunal qu'il plaira à SA MAJESTÉ, fi mieux elle n'aime s'en réferver la connoiffance. Le Suppliant continuera fes vœux pour VOTRE MA-JESTÉ.

. BUREAU DES CASSATIONS.

Monfieur RAYMOND DE SAINT-SAUVEUR,
Maître des Requêtes, Rapporteur.

Me VOILQUIN, Avocat.

A PARIS, chez P. G. SIMON, Imprimeur du Parlement, rue Mignon S. André-des-Arcs, 1771.